小学校からの英語教育をどうするか

柳瀬陽介、小泉清裕

波ブックレット No. 922

はじめに

現在計画されている日本の英語教育改革は国を豊かにするのか損ねてしまうのか……今、私たちは重大な岐路にあります。

二〇一三年一二月に発表され、二〇一四年に有識者会議により裏づけられた「グローバル化に対応した英語教育改革実施計画」(以下、実施計画)は、東京オリンピック・パラリンピック開催に合わせて二〇二〇年から英語教育の早期化と高度化を全面実施することを宣言しています。小学校の英語教育は三年生からの開始になり、五年生からは「教科」となります。高校だけでなく中学校でも英語の授業は英語で行うことが基本となり、高校卒業段階で英検二~準一級程度以上の英語力を生徒がつけることを目標とします。読者の皆さんの中には「すばらしい計画だ。日本人は英語ができないし、なんといってもグローバル化の時代なのだから」とお考えの方も多いでしょう。

しかし、江利川(二〇一四)が明らかにしているように、この早期化と高度化は、教育政策の基本方針を審議する中央教育審議会(中教審)の答申(二〇一三年四月二五日)にはまったく含まれていないもので、安倍首相の私的諮問機関である教育再生実行会議からの提言(五月二八日)を受けて、第二期教育振興基本計画としてきわめて短期間で閣議決定(六月一四日)されたものにすぎません。教育再生実行会議には英語教育の専門家が一人もいなかったこともあり、それを基にした実施計画は、現状認識が甘く、危うい基盤に基づいているために、実施計画をこのまま断行しても公教育改革としては失敗に終わる可能性があります。

失敗のシナリオとして考えられるのは次のようなものです。経済的・社会的・文化的に恵まれた家庭に育つせいぜい一〇%(おそらくはそれよりずっと少数)の子どもは確かに英検やＴＯＥＦＬなどの得点をそれなりに上げるものの、現実社会を生き抜くコミュニケーション能力はあまり身につかない。九〇%以上の子どもは、英語教育により挫折感・疎外感・無力感を強くし、内向き傾向を強める。一部の子どもは外国人を糾弾することで自らの誇りを支える悪癖に陥る。社会全体としては公教育が信頼を失い、力を失う。その結果、ごく一部のエリートと大多数の庶民の間の格差が広がり固定化する。日本の民度が全体的に下がりはじめる……。

「大げさな」と思われるかもしれません。しかし、英語教育の現状を知る者としては、こういった失敗のシナリオを回避し、英語教育改革の流れをより健全なものにしなければならないと強く考えました。英語教育の中でも特にコミュニケーション能力と英語教師の成長を研究する柳瀬は、二〇年にわたって小学校英語教育を先駆的に実践してきた小泉とともにメッセージを打ち出したいと考えました。

想定している第一の読者層は、保護者および一般市民です。教師と政治家に対して大きな影響力を持つからです。究極的に公教育のかたちを決めるのは国民だからです。第二の読者層は、英語を専門とはしてこなかった小学校教師です。小学校教師のこれまでの他教科での教育経験こそが英語教育の鍵だからです。第三の読者層は、中高大の英語教育関係者です。英語教育関係者が謙虚にこれまでの歪みを自覚し自己修正をすることが不可欠だからです。

以下、私たちは、英語教育の現状を総括し(第一章)、実行計画の危うい基盤を検討(第二章)した上で、小学校からの英語教育再創造を目指します(第三章)。失敗のシナリオを回避し、明るい未来を切り拓く途はあると私たちは信じています。

第一章　英語教育の現状

世間では「学校英語は変わっていない」という声がよく聞かれますが、実はここ二〇年ぐらいで日本の英語教育はかなり路線変更しています。しかし、その路線では、英語のコミュニケーション能力はなかなか身につきません。第一章では英語教育のそんな現状について考えます。

1　ことばが身につかない「引用ゲーム」

海外に留学や旅行をした日本人の多くは、「海外の人は文法も発音も結構デタラメなのに、どんどん英語を使ってコミュニケーションをとっている」と言って、コミュニケーションができない自分を嘆きます。しばしばこれは「日本人はシャイだから」と理由づけされますが、幼児を見る限りどの国の子どもも変わりません。むしろ「海外旅行では、英語の成績がよいお姉ちゃんの方がしゃべれずに、できの悪い弟の方がどんどん英語を使っていた」といったエピソードなどからは、学校英語教育こそが英語を使いにくい心理を育成しているという仮説さえ可能です。学校英語教育については、文法訳読授業ばかりが槍玉に上げられ、その批判には一理あります。しかし、現場を見る限りでは教師も生徒も英語を使って一見充実していると見える授業でも、現実世界で自分の考えを自分のことばとして自分の責任で語ることができる人間を十分に育てているとはいえません。現在の多くの授業で教えられているのは、「引用ゲーム」だからです。

自分とは関係のない英語

「引用ゲーム」とは、教科書などのモデル英文をできるだけ正確かつ高速に引用（あるいは再生）する競争のことです。一字一句違わぬ引用か、一部分を変更した引用をします。主に評価されるのは、引用の正確さです。英語は教師や生徒自身のことばではありません。自分の考えや気持ちとは関係なしに、英語の内容に自分の責任を感じないままに、英語を引用するだけだからです。

ある小学校の授業では、子どもが黒板に貼られた地図を使って英語で道案内をしています。子どもは“Could you tell me the way to the station, please?”というちょっと難しい表現を使って、ペアで道案内の会話を英語で行う活動（以下、言語活動）をしています。教師は「よかったよ。でも地図を指しながら道案内をしてあげたらもっとよかったね」と助言をしますが、続くどの子どもも地図を指差せません。覚えた英文を再生することで精一杯だからです。子どもの身のこなしから自然さが失われています。言語活動が応用編になり、即興で地図上の任意の場所への道案内を頼むことになりました。一人ぐらい“the post office?”（郵便局は？）といった核心だけを尋ねる断片的な発話をするかと期待しましたが、皆、“Could you. . . ”から始め、目を泳がせます。子どもは引用ゲームの作法を身につけてしまっています。

中学校でも同じです。ある教室では、キャリア教育の成果が壁に貼られていました。それぞれの生徒が将来のことについて短文をしたためていますが、中学生なりに現実世界の厳しさを知ったからでしょうか、バスケットボールが好きでたまらない生徒もプロ選手ではなく「バスケ関係」の仕事につきたいと、それなりに現実的な認識を示しています。英語の授業での言語活動は「英語で自分の夢を表現しよう」でした。教師によるさまざまな教示やトレーニングの後に生徒はそれぞれに自分の夢をワークシートに英語で書きます。書いた後、ワークシートを隣と交換しますが、ある席から「おい、俺のと一緒じゃん。お前、俺の見たな」と笑いまじりの声が聞こえてきました。「プロ野球選手」と「プロサッカー選手」の箇所が違うだけで後はまったく同じ英語だったのです。授業は引用ゲームの作法に基づいたものでしたから、自分の夢を英語で表現する際も、習った英文をできるだけ引用しようとするあまり、二人が競技名以外はまったく同じ英文を書いてしまったようです。キャリア教育で得られた成熟は英文に反映されませんでした。

授業後の研究会で私は、せめて "I want to be"（なりたい）だけでなく、"I don't want to be"（なりたくない）も使わせれば「僕は野球が好きですが、プロ野球選手にはなりたくはありません。なぜなら……」と少しは生徒の実感に近い英語使用になりますし、学級が落ち着いているなら、「僕は教師にはなりたくない」や「私は母親にはなりたくない」といった思い切った内容を書くことも許してみると、がぜん英語を書くことにも真剣になりませんか、と助言しました。研究会後、あるベテラン助言者が私に近づいてきて、「"I don't want to be" を使うという発想はありませんでした。勉強になりました」と言ったので改めて私は驚きました。ベテラン助言者でさえ、言語活動を、教科書のような流れと表現で英語を引用的に使うことと捉えていたからです。

自己表現はテスト得点で

ある大学生は、高校時代を振り返り、英語での表現は自分の考えや気持ちとは無縁だったと語っています。彼によると、英語学習とは「一に文法、二に単語」で、表現とは「文法と単語を規則に合わせて間違いのないように話す・書くこと」でした。もし英語に自己表現があったとすれば、それは他人より高い点数を取ることだったそうです。彼は「全ての生徒とは言いませんが、生徒の大半は英語に対してこういった考えを抱いているのではないでしょうか」とも書いていましたが、大学生を間近で見る私たちも、この推定はそれほど間違っていないと思います。

ある高校では、一・二年の授業でこそコミュニケーションを志向した授業が試みられていましたが、三年生の授業は受験問題集中心でした。そこでは「バスに乗り込んだのは六十代の夫婦らしき男女だった」、「一九八〇年代に日本の女性の社会進出が盛んになった」、「春の兆しを何に感じるかは人によって異なる」といった、思考の上でも気持ちの上でもまったく一貫性のない日本文を、試験で減点されないように英語に変換する課題が行われていました。その課題に時間をかけて黙々と取り組む生徒を見て「これでは、自分の考えや気持ちを即興的に英語に乗せることが苦手になるわけだ」と思わざるを得ませんでした。自分の気持ちに英語を乗せる経験を日頃から積んでおかないと、自分のことばとして英語を語れません。

現実世界のコミュニケーションでは、自分の気持ちが主で、英語が従です。しかし、引用ゲームでは、気持ちはほとんど無視されています。教師と子どもの関心は、言語形式上正しい引用をすることばかりに向けられています。一見、生徒が英語を話したり書いたりしている授業でも、引用ゲームでは、コミュニケーション能力は身につきません。

2　トレーニング中心主義による情感の剝奪

引用ゲームをさらに強化するのが、トレーニング中心主義です。これは、「知識提示→トレーニング→言語出力」という流れ（英語では、ＰＰＰ：Presentation-Practice-Production と呼ばれています）を前提とした上で、トレーニングを徹底する授業方針で、ここ二〇年ぐらいの日本の英語教育界での流行です。大量のトレーニングによって正確・高速に英語を引用的に再生できることを目指し、トレーニングの具体的内容である英文が学習者の現在の気持ちとどうつながっているかは軽視しますから、トレーニング主義は引用ゲームを強化します。

もちろんトレーニング中心主義がすべて間違っているわけではありません。「とにかく毎日トレーニング」という単純なメッセージは、多忙なビジネスパーソンには好評ですし、昔でしたら、第二次世界大戦時に米国陸軍が敵国の言語に堪能な兵士（言語要員）を短期養成するために使った通称「アーミー・メソッド」もトレーニング中心主義で行われ、それなりに成功しました。

しかし、ここで忘れてはならないことは、ビジネスパーソンは降格やリストラを、兵士は言語要員不適格者として戦場に送られることを恐れていることです。徹底したトレーニングに耐えられるのは、特別に学習に動機づけられている人だけです。多くの日本人英語教師も「とにかく英語を習得しなければ」と追い込まれた経験をもちますから、たいていはトレーニング中心主義を一度通り過ぎています。しかしその経験に基づいて、徹底したトレーニングを普通の子どもに単純に課しても、よほど特別に英語に対して動機づけられている子どもを除けば、子どもは次第にその授業を苦痛に思い始めることは教師が苦い経験で学ぶことです（小泉の経験は第三章で取り上げます）。実施計画では、小学校五・六年生に一回一五分で週三回行う「モジュール」と呼ばれる授業形態を提示していますが、モジュール式授業はトレーニングに適した形態とされていますので、子どもの心模様に配慮しないままの授業が全国津々浦々で行われることが心配です。

「いや、子どもにトレーニングに耐えられるだけの根性をつけることが必要なのだ！」とお考えの方もいるかもしれません。しかし、トレーニング中心主義に普通の人間が耐えられないのは、「根性」がないからでなく、その方法に決定的な誤りがあるからです。たとえ「根性」でスキルを獲得したとしても、それは現実世界ではあまり使い物にならないということは、例えば米国が誇る哲学者であり教育学者であるジョン・デューイ（一八五九―一九五二）や、現代の神経科学で目覚ましい活躍をするアントニオ・ダマシオ（一九四四―）の論を読み解けばわかります。

「からだ」こそが基盤

神経科学のダマシオは、非意識・中核意識・拡張意識という用語を使って人間を説明しますが、ここではわかりやすさを優先させ、それらを「からだ」・「こころ」・「あたま」と言い換えて解説します。ダマシオによれば、「からだ」こそが「こころ」の基盤であり、「あたま」は「こころ」を言語で拡張したものにすぎません。この知見は、演劇の竹内敏晴や身体運動の野口三千三《みちぞう》といった実践家がつかみとった洞察と一致します。「からだ」こそが私たちの基盤なのです。

みなさんも、何かの情景を見て、我知らずぱっと顔が赤くなったり、おいしそうなものを見て、自然につばがわいてくる、といった経験をお持ちではないでしょうか。そういった「非意識」的な「からだ」の動きをダマシオは「情動」といい、人間というものの基盤だとしているのです。こういった「からだ」の動きを科学的に分析すれば、神経回路を電気信号が通ったり、臓器から化学物質が分泌されたりという変化が確認されることになります。

「こころ」と「あたま」

「こころ」とは、「からだ」の情動を意識でとらえた状態です。意識で知覚された情動は、「感情」と呼ばれます。今・ここの感情こそが、「こころ」の正体であり、人間の意識の中核（「中核意識」）です。「こころ」とは「からだ」を感じていることです。

感情という用語は、情動という用語とまぎらわしいかもしれませんが、感情とは「感」じられた「情」動であると覚えれば整理しやすいでしょう。また、情動と感情を総称して「情感」と呼びますが、これは日常語での「気持ち」に相当します。さらに、情感・気持ちの身体性を強調するために、今後は適宜それを「身体実感」とも呼ぶことにします。

「あたま」では、「こころ」で感じられた「今・ここ」の時空が、言語によって拡張されます。人間という動物の最大の特徴の一つは言語をもっていることですが、言語は今・ここの感情に対して使われるだけでなく、今・ここからずっと離れた場所、あるいは過去や未来や仮想現実（想像世界）のことに対しても使えます。人間は言語を使って思考し、今・ここの「中核意識」からはるかに広がった意識（「拡張意識」）の世界をもちます。「あたま」とは拡張意識のことです。以上をまとめますと、「こころ」とは「からだ」を感じていることであり、その「こころ」を言語によって拡張したものが「あたま」となります。

ちなみに現在しばしば「心」と訳される英語の“mind”は、「あたま」に重きをおいた表現であり、現代の英語圏の科学も多くはその用法に即して研究が進められています。さらにチョムスキー（一九二八—）といった第一次認知革命の研究者などは、“mind/brain”（心／脳）という表現を用いて心と脳を同じものとみなしました。“Mind-body”（「心—身」）というデカルト以来の対立は、脳と身体の関係に置き換えられました。人間の行動は、あたかも中央コンピュータのプログラムによって各種部位を動かす古典的なロボットのように、脳が身体を動かすことと考えられました。

既にお気づきかもしれませんが、トレーニング中心主義は、頭の知識と身体のスキルを基本的に別個のものと考え、知識獲得の後に、知識に合わせて身体を動かすという発想で、心は脳（プログラム）であり、脳が身体を動かすのが行動であるという発想に重なっています。そんな発想からすれば、「あたま」こそが「こころ」の正体であり「からだ」の主人ということになりますが、近年の神経科学の知見そして昔からの実践者の洞察からすれば、「からだ」こそが「こころ」の正体であり、「あたま」は「こころ」が拡張的に展開されたものにすぎません。

言語使用＝言語学習＝言語習得

どちらの見解の方が英語学習の現実をうまく説明できるか、具体例で考えてみましょう。

“Exquisite”はちょっと難しい単語ですが、勉強をかなりしている大学生なら「この上なく素晴らしい。精妙な」といった訳語を即座に再生できます。単語集を使った丸暗記トレーニングを重ねてきたからです。しかし、即答した学生に、この単語を今まで自分が使ったことがあるか、今後使いそうかと尋ねると、実際に英語を使う機会の多い学生も否と答えます。せいぜいテストでこの単語に出会ったときに、訳語を添え書きすることができるだけだろう、と付け加えます。これが「あたま」ばかりを働かせている丸暗記の実態です（いや、訳語を覚えているだけ立派です。多くの場合は三日たったら訳語も忘れています）。

よく単語は文脈の中で覚えなさい、と言われますが、市販の単語集の多くでは、バラバラな状況がそれぞれの単語の文脈として与えられるだけです（八頁の「バスの中の男女」「女性の社会進出」「春の兆し」の例を思い出して下さい）。こういった「文脈」では学習者が情感・身体実感をほとんど経験できません。丸暗記とは、「あたま」が、「からだ」からも「こころ」からも切り離された状況で英単語と訳語をペアにして覚えることです。よく訳語が「単語の意味」と称されますが、丸暗記の訳語は、意味のほんの一部にすぎず、形骸であり亡骸《なきがら》でしかありません。

デューイ流に言えば、語の意味とは、その語を使うことに伴う諸現象のつながりを身体的に実感することです（哲学者ウィトゲンシュタインもこれに似た見解を示しています）。“Exquisite”の例で解説しますと、ある子どもが、さっと見ただけでは見過ごされるかもしれないが、わかる人にはわかるような工夫を加えた作品を提出したとします。それを見た教師は、日頃は“very good”や“excellent”しか言わないのに、感極まった表情で“exquisite!”と言います。周りの子どもも、そのことばを聞いてその作品に注目し、巧みな工夫に気づき「あぁ」と声をもらします。このように工夫の性質、教師の表情変化、周りの発見と驚きなどの諸現象のつながりが身体実感されることが、ここでいう「意味」がわかることです。

こういった言語使用を経験した子どもは、異なる情況で(身体実感を伴う状況は「情況」と表記することにします)似たような身体実感を覚えると、思わず〝exquisite〟と口にするかもしれません。それを聞いた周りの大人は「まったくその通りだね」とその言語使用を承認するかもしれません。このように情況の中でことばを使用し承認(あるいは修正)される経験を重ねることが言語学習であり言語習得です。言語学習の後に言語習得がなされ、その後に言語使用がなされるのではありません。言語使用・言語学習・言語習得は、本来切り離せないのです。

「あたま」は情況の諸現象のつながりを整理したり、そのつながりに訳語を付け加えたりすることはできますが、「あたま」だけでは意味を体得できません。「あたま」だけの丸暗記訳語は意味の亡骸にすぎず、それを唱えたからといって、身体実感が湧き上がってくるわけではありませんから、学習者は訳語を機械的に引用・再生することはできても、情況の中での自分の身体実感に即してこの語を使うことができません。これが「丸暗記した単語は身につかない」理由です。

情感と共に奪われる生命力

トレーニング中心主義の決定的な誤りは、頭(脳)と身体を分離してしまい、頭の学習を先に終えてから、身体をそれに応じて調教しようとすることです。頭と身体を分離させてしまうと、人間は「からだ」－「こころ」－「あたま」の統合体ではなくなります。頭が、「からだ」の状態とは無関係に知識を獲得しますと、その知識には、情感が伴っていませんから、学習者はそれを情況にどう適用していいのかわかりません。したがって、仮にトレーニングの徹底で、情感抜きの知識をいくら正確・高速に引用・再生できるようになっても、それは人工的なトレーニングルーム（丸暗記テスト）だけでのパフォーマンスであり、お互いの情感・身体実感に満ち満ちた現実世界でのコミュニケーションでは使えません。また、身体を頭の奴隷にしてしまったことにより「からだ」と連動した「こころ」を失ってしまった学習者は、自然な情感を失い、学びそのものの喜びを実感できません。ですから、学習者はせいぜい頭だけでも把握できるテスト得点で学習意欲を奮い立たせようとするだけです。逆に、得点が低ければ、学習者はその意欲すら奪われます。そんな中でのトレーニングは苦痛でしかありません。点数がさらに低くなれば、学習者は自尊感情を損ね、無力感・挫折感・疎外感を強くするだけです。

しかし現在の英語教育現場、特に皮肉なことに先進的な試みをしている現場で、トレーニング中心主義は無批判に推進されがちです。ある授業では、マーチン・ルーサー・キングのあの有名な“I have a dream”演説を、フレーズごとに分断し、生徒に高速で再生（復唱）させていましたが、演説の情感も情況もまったく失われていました。別の授業は物語文の朗読を目指すものでしたが、教師は子どもに英単語・英文とその訳語・訳文を機械的に高速再生させるトレーニングをさんざんと課した上で、「さあ、今度は気持ちを込めて朗読してみよう」と指示しました。機械的なトレーニングで、「からだ」と「こころ」が分離してしまい、自然な情感がすっかり奪われた後のその指示に私は面食らってしまいましたが、実際、子どもは情感のこもった朗読などまったくできませんでした。

しかし情感はそれほどに大切でしょうか。たしかに請求書に英語で商品名や分量を定型的に記入する場合、特に情感は必要とされないでしょう。ですが、ビジネスでも多少の交渉事となれば、表面上だけ取り繕ったセールストークでは通用しません。本物の情感を伴わない建前的発言に現実世界の人は耳を傾けません。使う英語は、「からだ」と「こころ」に即したものでなくてはなりません。そのためには、常日頃から、英語と「からだ」と「こころ」を統合しておかねばなりません。トレーニング中心主義は、言語使用・言語学習・言語習得の基盤である情感を剝奪し、ことばから生命力を奪ってしまいかねないことを私たちは忘れてはなりません。

3 英語指導の実態の理解不足

次に指摘しておきたい英語教育の現状は、「英語さえできれば英語教師として勤まるだろう」と思われた上で、英語教育改革が進められていることです。「日本人英語教師を全員クビにしてネイティブ・スピーカーを雇えば英語教育はすぐによくなる」といった発言は極論にせよ、例えば大阪府はTOEFLなどの試験で一定以上の成績を有していることを唯一の応募資格として（教員免許の有無もこれまでの職歴も不問で）「スーパー・イングリッシュ・ティーチャー」を公募しています。国レベルでも小学校英語教育では、英語が堪能な外部人材に積極的に授業を（分担）担当させていますし、そもそも外国語指導助手（ALT）も、英語が母国語（並）の大卒外国人であれば誰でも応募できるものです。また実施計画も「授業は英語で行うこと」を非常に強調しますが、英語が話されていればいいというものではないことは確認した通りです。「英語教育」の「英語」ばかりが強調され「教育」の側面が軽視されています。

もちろん教室で自ら英語を使い子どもに英語を使わせることは英語教師の仕事の中心部分です。しかし、公立学校の場合、その入り口に立つことこそが困難で、多くの教員はそこで苦労しています。公立学校の教育環境は、生徒が自発的に来ている英会話スクールや目的意識のはっきりとした予備校の教育環境とは大きく異なります。一部の公立学校では、エリート学校での体験しか知らない人では考えられないぐらい荒れた(あるいはしらけた)状況となっており、英語指導以前の問題が英語教師の大きな課題となっています。

教室の荒れの顕著な事例は学校内における暴力行為ですが、文科省の調査でも一九八三年から二〇一三年にいたるまで小学校でも中学校でも暴力行為発生率は基本的に右肩上がりです(高校では右肩上がりからの高止まりの状態です)。いじめは見えにくいので統計数値の変動が激しいのですが、それでもいじめが引きも切らず、さらに最近ではＬＩＮＥなどのＳＮＳでいじめが一層複雑化・陰湿化していることは現場教員が一致して証言する通りです。

そういった荒れにはもちろん背景要因があります。一つはＯＥＣＤ平均よりもひどい子どもの貧困状況です。いわゆる「貧困家庭」(相対的貧困率で算定)にいる子どもの割合は六人に一人で、ひとり親世帯の子どもでしたら二人に一人という状況です。一九七〇年代の「一億総中流」の状況からは隔世の感のある格差(不平等)が子どもの学びをおおっています。貧困以外にも、親による育児放棄や虐待、あるいは家庭内の不和などにより、まともに学べる状況にない子どもも多々います。誤解のないように言いますが、こういった状況にいる子どもが皆問題児だというわけではありません。ただ、ここで考えておきたいのは英語の「象徴資本」的な性格で、それが故に複雑なコンプレックスの果てに英語に正面から向き合えない子どもがいるということです。

英語ができれば何でもできる?

「象徴資本」とは社会学の用語です。社会学では、いわゆるお金を表す「資本」(経済資本)という概念になぞらえ、社会の中でそれに似た機能を持つ文化的素養や人脈もそれぞれ、文化資本、社会関係資本として考えます。経済資本や文化資本や社会関係資本が多いと、社会的に高い地位(ステータス)を獲得しやすくなります。ステータスは時に「象徴資本」と呼ばれますが、現代日本では英語ができることが象徴資本として見られているように思えます。

英語ができるということは、お金(経済資本)や文化的素養(文化資本)や人脈(社会関係資本)の多さと強く関係していると思われているのでしょう。「人は英語のことになると理性的な議論ができなくなることが多い」とは、英語をめぐる議論を観察していてよく思うことですが、その理性喪失は、英語が象徴資本性をもつため、極端な憧れや劣等感とつながりやすいからかもしれません。

「平均的な子ども」なんていません

そういった象徴資本的性質が強い英語を学ぶことについて、子どもはどういう態度をとりがちか考えてみましょう。経済資本・文化資本・社会関係資本に恵まれた家庭とそうでない家庭で考えます。前者の裕福な家庭の子どもは、英語の力を身近に感じ、英語学習に自然と動機づけられていることが多いでしょう。後者の家庭の場合、子どもの態度は大きく三つのパターンに分かれるかもしれません。一つは英語の象徴資本的性質をまざまざと感じ、人生の逆転劇のために英語に励むパターンです（克己奮励で立身出世を目指す生き方は昔からあります）。もう一つは、英語の象徴資本的性質をよく理解しつつも、それがゆえに英語に相反する態度を取るパターンです。「英語ができれば勝ち組に乗れそうだが、留学はおろか進学するお金もあぶない。塾にも行けない自分が勉強しても成績が伸びるとは限らない。努力したのに英語もできないとなると、負け組であることを自ら立証してしまう。それなら、いっそ自分の方から英語の勉強を放棄して、本当の自分は負け組ではないことにしておきたい……」――この例は私の想像ですが、中高生が自分の最低限のプライドを守るために勉強から逃走するパターンは現場教員がしばしば観察するものですから、荒唐無稽なものではないでしょう。最後のパターンは、英語の象徴資本性ゆえに、自分とは関係ないと思い込んでしまうものです。自分が社会の低層に追いやられていることを思い知らされている子どもにとって、「英語ができれば……」といったことばは自分とは無縁な美辞麗句としか思えないでしょう。

ともあれ、こういった英語学習への動機づけや態度の違いは、それぞれの子どもの事情において歴然としてあります。しかし、第二言語習得（SLA：Second Language Acquisition－母語以外の言語がどのように習得されるかについての応用言語学研究）の主流派では、社会的要因をほとんど考えません（特に情報処理的な量的研究での「学習者」とは平均値で構成された像であり、生身をもっていないＮＯ－ＢＯＤＹです）。実は、最近の欧米の応用言語学は、個々の学習者のアイデンティティといった社会的・質的要因を丁寧に記述して考察を進める研究が「新しいアプローチ」（alternative approaches）として着実に認められてきていますが（Atkinson 2011）、日本の英語教育界ではまだまだ少数です。文科省政策の裏づけとして使われる研究も、「主流派」の量的なものばかりです。また文科省政策の先行例として選ばれる研究開発校も、生徒全体が落ち着いていて教員集団の力量が高い学校が選ばれることがほとんどです。

このような社会的要因を無視する研究と、荒れていない研究開発校選択の末に正当化される政策を全国展開する際には、細心の注意と周到な準備が必要です。それなのに、東京オリンピック・パラリンピックまでの数年間だけで、ほとんどが英語教員免許すらもっていない全国各地の小学校教師（三～六年の担任教員で約一四万人〈「実施計画」〉、総数でなら約四〇万人〈「平成二六年度学校基本調査」〉）に英語教師としての力量をつけるという計画の配慮や準備が十分であるとはとても思えません。

英語教師の力量とは

「いや、小学校教員は教師としての力量が高いので、あとは英語の研修を少しすればいいだけなのです」と実行計画関係者は反論するかもしれません。確かに日本の小学校教師の対応力・創造性・柔軟性にはすばらしいものがあります。しかし、英語指導以前の学級づくりと英語授業づくりは別物ではありません。授業が学級づくりに即した内容と方法で行われなければ、最悪の場合せっかくできあがった学級も崩れてしまいます。一歩間違えば学級・学校が荒れてしまうような環境で働く教師は、誰もが英語授業で使う内容（教材）と方法（活動）を自分と学級の子どもの個性に即したものにアレンジするために創意工夫を凝らしています。そういった創意工夫なしに、研修会で学んできた授業をそのまま実行しても、まずうまくいきません（柳瀬 二〇〇九）。教師は、学級の子どもの目を通じて教材を見つめなおし活動を独自に編集して授業を行っては、その結果を反省し次の授業準備をするという、反省的実践に従事します。この英語授業の反省的実践の地道な繰り返しこそが、英語教師の力量をつけます。それは教師としての個々の生徒への愛に支えられた毎日の丁寧な観察によってはじめて可能になることです。

しかし世間一般はおろか、時には教育行政者にいたるまでが、「英語さえできれば英語教師としてやっていける」、「研修会でテクニックを学べば授業は成功する」といわんばかりの無理解な態度・政策を取ると、現場で苦労する英語教師は気力をくじかれます。英語教育の現実に対する理解なしで、十分な支援をしないまま、結果の要求ばかり高まってゆけば、いつか世間の期待は英語教師への糾弾に変わり始めるでしょう。それは英語教師の士気をくじき、ひいては公教育自体の質低下という本書冒頭に述べた悪いシナリオにつながりかねません。

教育学者の佐藤学（二〇〇九）によると、教師としての成長に何が有効であったのかを現場教師に対して調査すると、どの調査結果を見ても一位が「自分の授業の反省」、二位が「同じ学年・

教科による授業の研究」、三位が「校内研修」であり、教育委員会等主催の研修会や大学研究者の講演は最下位にくるそうです。現場教師はまさに現場で育つわけですが、残念ながら現在の英語教育改革は、現場をあまり知らない外部人材の登用や現場を離れての研修会や講演で英語教師を育てようとしています。ＯＥＣＤによる国際教員指導環境調査（TALIS 2013）は、日本の教師の平均勤務時間が一週間あたり五四時間で、調査国の中で最長（平均は三八時間）であるなど日本の教師がおかれた過酷な状況を報告しています。こうしたことに気づかず（あるいは気づかないふりをして）、教師をますます追い立て、教師の気力と体力を奪うことは、誰の得にもなりません。英語指導の実態に関する読者の皆さんのご理解を乞う次第です。

第二章　実施計画の危うい基盤

以上のような英語教育の現状を理解していないと、いかなる改革とて失敗するでしょうが、実施計画はさらに、いくつかの危うい基盤の上にたって改革を実行しようとしています。改革の悲劇的な失敗を避けるためにも、この第二章ではそれらの危うい基盤について考えることにします。

1　数値目標による管理

実施計画・有識者会議やそれに先行する「「英語が使える日本人」の育成のための行動計画」(二〇〇三年。以下、行動計画)に目立つのは、「日本人全体として、英検、TOEFL、TOEIC等客観的指標にもとづいて世界平均水準の英語力を目指す」(行動計画)や、「アジアの中でトップクラスの英語力を目指す」(有識者会議)としたり、外部資格試験等で英語力の把握・分析・改善を行うことが「必要」である(実施計画)としたりするなど、英語教育の改善を、数値目標を掲げての国家的検証と競争のゲームにしようとしていることです。こういった数値目標による教育の管理には問題点が少なくとも二つあります。

外からの管理が内面化されるとき

第一の問題点は、子どもの学びの内発的動機づけが枯渇することです。実施計画は、「生徒の英語力の目標を設定し、調査による把握・分析を行い、きめ細かな指導改善・充実、生徒の学習意欲の向上につなげる」ことを宣言しています(行動計画に先立つ通称「戦略構想」にも同種の宣言が見られます)。ですが、外から決められた数値目標を掲げて生徒の学習意欲を向上させようとすることは、明らかな外発的動機づけです。外発的動機づけとは、外から与えられる目標・義務・賞罰などによって課題をやらせることであり、内発的動機づけ、つまり課題を遂行する際に身体で感じる喜びそのものから課題を行うこととは対極のものです。

動機づけ研究が一致して教えることは、外発的動機づけは短期的には効果があっても長期的には内発的動機づけにはかなわないことです。外発的動機づけによる管理が徹底され、外から管理されることを内面化してしまった学習者は、時に学習により自己疎外感さえ覚えますから(柳瀬二〇一四)、国がこのような学習観に基づいて「教育改革」や「教育再生」を行っていることに恐ろしさを感じます。進学校の教師が苦々しい思いで知っているように、受験という外発的動機づけで管理され続けた高校生の多くは、受験が終わるとその教科の勉強を嬉々として止め、大学でも最小限の労力で最高の成績を取ることにしか興味をもたなくなりますが、実施計画は、結局、大学入試から外部資格試験へと数値目標を変えるだけではないかとも思えてしまいます。

このような見解を示しますと、よく「数値目標管理はビジネスの世界では当然です」と批判されます。確かに営利企業の仕事は究極的には黒字か赤字という形で数値還元できますが、非営利組織の仕事はすぐ後で述べますように数字だけでは表現できません。ちなみにそういった批判には「教師は社会を知らないから困りますね」という批判もさらに付け加えられますが、その場合の「社会」とは資本主義社会しか意味していないことがほとんどであることに注意する必要があります。社会の営みは資本主義的競争だけではありません。資本主義社会については後でも述べますが、資本主義社会の営利企業的発想を万能視することの愚は、それを絶対悪とみなす愚と共にしりぞけなければなりません。

数値結果と総合成果

教育の数値管理徹底の第二の問題点は、「尻尾が犬を振る」(The tail wags the dog) ような本末転倒が生じることです。元世界銀行副総裁の西水美恵子は、非営利組織が数値目標に拘泥してはならないことを説いています(毎日新聞二〇一四年七月二〇日)。世界銀行も二昔前までは、融資総額などのアウトプット(数値結果)ばかりを功績としていたのですが、それを一変させたのが金融企業出身の新総裁でした。彼は就任後すぐにブラジルとインドの貧民街を視察し、取締役会で、「世界銀行が融資総額などの数値結果を無視することはできないが、世界銀行が大切にするべきはアウトカム(総合成果)であり、それは発展途上国の子どもたちの笑顔にあることを私は学んだ。次世代の笑顔なしには、世界銀行の未来さえ危うくなりかねない」と報告したそうです。新総裁はさらに「笑顔という総合成果を追う仕事は、同じ笑顔の職員にしかできない」と述べ、その新風により勤務評定も、数値結果によるものから職員と上司の対話を重視するものへと進化したそうです。総合成果の一側面だけを数値化した数値結果という「尻尾」ばかりを大切にして、「犬」という本体がそれに振られてしまい、組織の使命が失われることを私たちは防がなくてはなりません。

教育の総合成果は、教育基本法を引用してもユネスコ憲章を引用してもかまいませんが、一言でまとめるならば、子どもの人格的成熟による平和な社会づくりといえるでしょう。親や教師はついつい自分の欲目で、子どもにいい成績という数値結果ばかりを求めがちですが、究極の望み(総合成果)は、子どもが他の人々とよい関係を結び幸福な人生をおくることでしょう。この素朴な願いを教育改革の基礎にもおかねばなりません。

しかし教育の数値目標管理を徹底すると、その素朴な願いがいつしか忘れ去られて、大人は目標達成競争に子どもを巻き込んでしまいます。全国学力テスト(標準テスト)は、日本でも米国でも行われていますが、成績を上げるために教師が不正をしたり、障害のある子を欠席させたりするといった事例が続いています(テスト前の「特別対策」はもはや当たり前のようになっています)。日本では全国学力テストの学校別の結果公表について、自治体首長と教育委員会・文科省の間でさまざまな駆け引きがなされていますが、テストの得点という誰にでもわかる数値結果だけを学校教育の総合成果の指標としてしまったら、その数値に人々は振り回されてしまいます。

割り切ることが進歩?

教育での本末転倒を避けるために、そもそもなぜ私たちは数値目標管理を好んでしまうかをここで簡単に分析しておくことにしましょう。数値目標管理の偏愛は、近代的生活を構成するいくつかの要因から生じているように思えます。近代を構成する第一の要因として考えたいのは、西洋的な合理主義(rationalism)です。このことばは、「比」を意味する“ratio”を語源にもちます。その意味で合理主義を「割り切り主義」(＝きれいな比率で割り切ることの徹底)と訳すことも可能です。「割り切り主義」は数にも現れます。伝承によりますと、古代ギリシャのピタゴラスは√2という、整数と整数の比できちんと割り切れない無理数の存在に気づいていたのに、この存在を長い間ひた隠しにしたそうです。ここから推測できることは、西洋文明では、物事を割り切って考えることを「合理的」として肯定的に捉え、割り切って考えられないことを「非合理的」として否定的にとらえる傾向があるかもしれないということです。少なくとも数で、時間や空間や価値などを割り切って対象化し(時計・地図・貨幣)、そのことによって世界を操作するテクノロジーは、世界の現象を割り切って考える科学とともに、西洋の近代的発展の根幹となりました。割り切れることだけを考え、割り切れないことを考えないことを私たちは「合理的」とし、私たちの営みを数字で割り切って管理することこそが進歩だと思い込んでいるのかもしれません。

しかし数にしても、“real number”(「実数」ですが「現実数」と訳すことも可能です)は、きちんと割り切れる有理数だけでは構成されず、無理数もあってはじめて数という現実を表現できます。私たちの生活も、割り切れないことも勘案することで、はじめて現実的なものになります。ですが、西洋的な合理主義が教条化してしまうと、私たちは数値で物事を割り切ることこそが現実と錯誤してしまうのではないでしょうか。現在果敢に英語教育改革を進めている中原徹(大阪府教育長)も、「英語を学ぶ生徒の顔つきが変わってきた、生徒が英語に興味を持ってきた、というような状態は「英語力を改善する」というゴールに照らせば結果でなく、単なる通過点にすぎません」(中原 二〇一三)と述べます。しかし世界銀行にならって言えば、子どもの表情を軽んじてしまえば、英語教育の未来さえ危ういのではないでしょうか。

「報告は書類でお願いします」

近代を作り上げている第二の要因は、文書管理主義です。活版印刷による文書が普及するにつれ、社会の範囲は、象徴的に表現するなら、声が届けられる範囲から、標準言語での文書が共有されうる範囲へと広がりました。筆写文化の時代は、使節が文書を持参しても文書の役割は補完的なものにすぎず、あくまでも対面コミュニケーションこそが主だったそうですが、文書が普及するにつれ、書面でのコミュニケーションはますます重要になり、近年では対面コミュニケーションは、書面でのコミュニケーションを補完する必要がある時に、仕方なく行われるコストの高いコミュニケーションとみなされているのかもしれません。実際、広範囲で行政を行おうとすれば、いちいち当事者と対面する時間はなく「報告は書類で」となります。私たちの営み、特に子どもの教育には、数字だけでは割り切れず、言語でも伝えきれない事柄がたくさんありますが、文書管理による広範囲の社会統治が当たり前となった近代では、文書に載ることこそが重要となりがちです。数値は文書上の表現の中でももっともわかりやすい(あるいは割り切って考えやすい)ものですから、この文書管理主義も数値目標管理礼賛を支えているのかもしれません。

限りない成長は何をもたらすのか？

近代の第三の要因は資本主義です。原始的な共同体では、人々の関心はいかに共有(あるいは分配・贈与)するかであったはずです(今でも家族や親しい仲間同士ではそうでしょう)。しかし、貨幣を媒介とした物々交換が普及し、やがてはそれが長じて、他人の労働を媒介として貨幣と貨幣を交換すること、つまりは資本としての貨幣を投資として投入して他人を働かせ、そのリターンとしての貨幣を得るという資本主義的生産体制が始まりました。資本主義的生産体制が栄えるにつれ、人々の関心は、量の拡大に向けられます。物と物の交換では二つの物がもつ質は異なり人々の関心はそれぞれの質に向きますから、その交換媒体である貨幣の量は交換の当事者が適当に合意すればよいだけです。

しかし資本主義的生産体制では、投資としての貨幣とリターンとしての貨幣が交換されるのであり、貨幣はすべての物の質を捨象した抽象的な量にすぎませんから、人々の関心事は、貨幣の量の増大だけになってしまいます。資本は増大することを宿命づけられています。しかし現在、資本主義的成長の行き着く果ては、地球環境と人間社会の荒廃ではないのかとの懸念が大きくなっています。古くはマルクス、最近ではピケティが主張しているように、資本主義のメカニズム上、社会の格差と不平等はますます悪化するとも考えられます。資本主義的発想が浸透してしまった結果、教育観にも「数値は増大しなければならない、数値目標は達成されなければならない」という強迫観念が知らず知らずのうちに入り込んでいるのかもしれません。

しかしテスト結果の数値結果が、いくら教育の総合成果の一部でしかなくても、それが高くなること自体はよいことではないかという思いは強いでしょう。たしかにテストが、私たちが目指す、人格的成熟による平和な社会づくりのためのコミュニケーション能力育成を十全に測定しているものでしたら、数値目標達成への国家的競争もそれほど批判されるものではないかもしれません。次節では、実施計画で言及されているテストが、はたしてコミュニケーション能力を十全に測定できているかについて検討を加えましょう。

2　客観試験への過信

有識者会議は、英検やＴＯＥＦＬ ｉＢＴ（インターネット受験をするタイプのＴＯＥＦＬ）などの級や得点を「生徒・学生が自ら主体的に学び、英語によるコミュニケーション能力の向上を図る一つの客観的な指標」や「四技能を測定する客観的な目標」などと表現しています。ですが他方で、そういったテスト以外の「パフォーマンス評価」（ペーパーテストではない面接などによる評価）や「英語を用いて～することができる」という形式の目標設定（ＣＡＮ－ＤＯリスト）や、はたまたそういった形式では可視化できない部分の評価についても言及し、「小学校高学年で教科化する場合、適切な評価方法については先進的取組を検証し、引き続き検討」と慎重な書き方をしています。これらを読みますと、有識者会議は英検やＴＯＥＦＬ ｉＢＴなどの客観試験を万能視していないことがわかります。しかし、前の節で検討したように数値管理は近代的思考法に内在していますから、いつの間にか客観試験の得点がひとり歩きする危険性はあります。ですから、この節では客観試験が測定できるのは、せいぜい言語慣習の再生(言語再生language reproduction—引用ゲームでの言語出力と同じと考えて結構です)の能力であり、通常「コミュニケーション」と称されている言語使用(language use)ではないことを確認しておくことにします。

客観試験での高得点が必ずしもコミュニケーション能力に直結しないことは、TOEIC高得点の新入社員が、英語でのコミュニケーション現場では使い物にならなかったといったエピソードを集めるだけでもそれなりに立証できるのかもしれませんが、ここでは原理的な説明を試みます。客観試験は、近代の教育測定理論の前提をそのまま受け継ぎ、コミュニケーション能力を、受験者一人だけに帰属させる能力個人還元主義を取っている点で、複数の人間の間で創発する(=発生元が特定できないままに発生する)コミュニケーションという出来事についての適切な測定を行うことができません。

表の意味・裏の意味・全体的意味

もう少し具体的に解説しましょう。その際には、言語学の語用論という分野の祖である哲学者オースティン(一九一一—一九六〇)の発話行為・発話内行為・発話媒介行為という用語を、わかりやすさを優先して、それぞれ表の意味・裏の意味・全体的意味と言い換えて、かつ社会学者のルーマン(一九二七—一九九八)のコミュニケーション理論を加味して説明を試みます。

AさんがBさんに「今度の日曜日忙しい?」と言ったとします。この発話の表の意味は、「文字通りの意味」、つまり、慣習的に定められた語彙の意味を文法的に組み合わせてできる意味です。しかし通常、人は表の意味だけでなく、裏の意味も込めて発話します。この場合のAさんの裏の意味は、「日曜日に関する何らかの提案をしたい」であったことにしましょう。それではBさんはこの裏の意味を理解すれば十分でしょうか。表の意味は不要でしょうか。いえ、発話の全体的意味は、表の意味と裏の意味のコントラストによって定まります。日曜日に関して提案したいという裏の意味をわざと表に出さないまま、表の意味はあえて「忙しい?」といった曖昧なものにしたことによって、「直接的に提案することでお互いに気まずい思いをしてしまうことを回避しながら、提案の意図をほのめかしてみる」というのが全体的意味となります。

全体的意味に関してもう少し解説を加えますと、表の意味と裏の意味が正反対である皮肉(「まあ、賢いのね」)が、ほとんど裏の意味のない単純な表の意味だけの悪口(「バカだなぁ」)よりも、ぐさりと心に刺さるのは、表の意味と裏の意味のコントラストが際立つからです。また、第一章ではデューイにならって、「意味」を、情況の中でのさまざまな諸現象のつながりを身体的に実感することと定義しましたが、そのデューイ的な「意味」は、ここでの「全体的意味」に相当します。

よく中学生などは説諭する大人に反抗して「なんだよ、それイミわかんねーよ」と言いますが、この場合の「イミ」も全体的意味です。中学生は表の意味(説諭の文字通りの意味)がわからないわけでも、裏の意味(例えば、説諭に込められた命令)がわからないわけでもありません。彼がわからないと言っているのは、「そういった命令を、偉そうな言い方で、お前が俺にする」という現象のつながりです。彼の「からだ」と「こころ」はそのつながりが妥当であることを実感できないと言っているのです。言語学や英語教育では、「意味」ということばで、表の意味や裏の意味のことについてばかり語りますが、私たちが日常的に「意味」としているのはしばしば全体的意味であることには注意が必要です。

他人の心は覗けません

ここまでならコミュニケーションもそれほど困難ではないように思えますが、実際はそれほど単純ではありません。今の説明では、Aさんが意図した裏の意味をそのまま裏の意味としましたが、実際のコミュニケーションで裏の意味を取るのは聞き手であるBさんだからです。もちろんAさんとBさんが一心同体のような仲でしたら、Aさんの意図した裏の意味がそのままBさんが推定する裏の意味になります。しかしそういった仲は例外的で、実際のコミュニケーションでは、仮に表の意味を決める言語慣習を互いが十分に共有しているにせよ、裏の意味は、聞き手が、話し手の心ではなく聞き手自身の心を参照して推定しなければなりません。つまりBさんはAさんの発話の表の意味がわかったとしても、Aさんの心を覗くテレパシー能力がない以上、Aさんが意図した裏の意味を直接的に知ることはできません。Bさんができることは、Bさんのこれまでの経験で得た背景知識を参照しつつ、Aさんが意図した裏の意味を推定するだけです。

AさんはBさんの上司だったとしましょう。BさんがAさんについて参照する背景知識が「Aさんは最近よく私に日曜出勤を依頼する」でしたら、BさんはAさんの発話の裏の意味を「可能なら日曜出勤を依頼したい」と推定するでしょう。しかしもしBさんが、「Aさんはかつて仕事を依頼しすぎた部下のCさんを慰労するために日曜に自宅に招待し家族で歓待したことがある」ことを背景知識として参照したなら、裏の意味を「これまでの働かせすぎを慰労したいと思っている」と推定するかもしれません。

実際のAさんの裏の意味は慰労だったことにします。しかし、Bさんは裏の意味をさらなる休日出勤依頼と取り、「忙しいです」とややそっけない口調で言ったとしましょう。この発言に込めたBさんの裏の意味は「私は会社のために尽くしたい気持ちはあるが、それにも限度がありま す」だったとします。しかし慰労のために声をかけたAさんはBさんのことばに驚いてしまいます。Aさんは自分の背景知識を参照して、Bさんの表の意味に伴っているはずの裏の意味を推定し、全体的意味を理解しようとします。そこでAさんが参照したのは、「AさんはBさんに近頃しばしば休日出勤を依頼していること」ではなく、「さきほどAさんがした職務上正当な注意に対してBさんが不服そうな顔をしていた(ようにAさんには思えた)」ことだったとします。AさんはBさんの裏の意味を「あなたとは勤務以外の関わりはもちたくありません」と推定します。Aさんは全体的意味を「職務上の注意に対する逆恨みを、一見なんでもないような答え方で表現しようとしている」と理解し、ついつい「はいはい、そうですか」と突き放したような口調で言ってしまいます。それを聞いたBさんは、やっぱりAさんは部下の自分を会社のコマの一つとしか考えていないのだと否定的な思いを強化してしまうかもしれません。

コミュニケーションが暗転した例を出してしまいましたが、ポイントは、裏の意味および全体的意味は、聞き手が話し手ではなく自分自身を参照して推定せざるを得ないので、コミュニケーションは常に誤解されうるということです。いや、厳密に言いますと、表の意味の決定も聞き手が自分の知識を参照することによってなされますから、表の意味でさえ話し手と聞き手の間で一致しない場合もあります（特に外国語の場合はそうでしょう）。コミュニケーションは、どの参加者にとっても予想通りには展開しないものなのです。

スピーキングテストは会話ではありません

しかし、ここにコミュニケーション――会話といってもいいかもしれません――の醍醐味もあります。聞き手独自の背景参照によって、話題が思いもかけない方向に展開し、話者は嬉しい驚きを感じるかもしれません。さらにお互いが、今どのような背景を参照しどのような望みをもっているかを巧みに推測しながら会話を進めてゆくと、話が適度にかみあいながらも適度に新鮮な展開となり、この関係の豊かさを互いに味わい、「ぜひまた会おう」となるかもしれません。

こうなりますと、コミュニケーション能力が高いとは、相手のどんな発言にも、自分の背景に忠実に対応しながら、相手からさらなる反応を引き出すことができることであると言えましょう。この際、相手からさらなる反応を引き出すためには、相手の背景を推測しながら、自分のどの背景を参照して発話したらよいかを判断して発話することが必要になりますから、コミュニケーション能力は単なる言語出力の能力以上のものであることは明らかです。

コミュニケーション能力は、特定の相手との特定の関係で発揮されます。たとえてみるならジャズ・デュオ（二人演奏）の即興演奏能力のようなもので、ある時すばらしい即興演奏をしたプレーヤーも、他のプレーヤーとの即興演奏はさえないかもしれません。かといってそのプレーヤーと演奏を重ねてゆくと、だんだんとかみ合ってきて、いい即興演奏ができるようになるかもしれません。コミュニケーションは、ジャズ・デュオの即興演奏と同じように、一人で創り出せるものではありません。ですから、それを行う能力を個人に帰属させることはできません。

実施計画は、リーディングとリスニングだけでなく、スピーキングとライティングも測定する四技能型のテストが望ましいとしています。たしかにそれはその通りなのですが、その四技能型のテストでも、それが客観試験であり、「客観性」の名の下に、試験者と受験者の間の相互作用要因を排除し、受験者だけのパフォーマンスを測定しようとすると、それは相互関係の中で創発するコミュニケーションとは異なるものになってしまいます。実際、ＴＯＥＦＬ ｉＢＴのスピーキングテストでは、受験生は与えられたトピックに関して、マイクに向かって一定時間一人で語り続けるだけです。ですから、「これはコミュニケーションではない」と割り切ったテスト対策をすることが得点アップへの最短コースとなります。よくある対策は、「与えられたトピックに関しては、自分の本当の経験や意見に基づかなくてもいいから、適当に「ありそうな話」を語れ。そして頻出トピックについては「ありそうな話」をいくつも準備しておき、制限時間内で効果的にしゃべり終えられるようにストップウォッチをもって練習を繰り返せ」というものです。

うるさいだけの「英語ペラペラ」

現実世界でのコミュニケーションは、学んで練習した英語を披露するために英語を話すのではありません。現実世界の言語使用は、相手の背景を尊重しそれについて推測を加えながらも、自分の背景に忠実に、自分を裏切ることなく、何をどのように表現するかを判断して発話することです。もちろん発話の際には、共有されている言語慣習にできるだけ即した形で発話する方が便利です。しかし相手はあなたの言語形式が慣習に忠実だからあなたの話を聴くわけではありません。話の内容と、その内容を生み出すあなたという人間と、そのあなたとの関係性を尊重するから聴き続けるわけです。

よく「英語ペラペラ」になりたいと言う人がいますが、内容も人格も感じられないような英語を、聞き手との関係性への配慮なしにペラペラしゃべる人がいたら、それがいくら文法的に正しくても、その人に浴びせかけられることばは「うるさい!」だけです。しかし客観試験では「英語ペラペラ」の人ほど高得点を取れます。私たちは客観試験でのパフォーマンスと現実世界でのコミュニケーション(特に、背景を異にする人間が集まった中での異文化間コミュニケーション)の違いをきちんと理解しておかねばなりません。

3　浅薄な「グローバル化」概念

先の実施計画では「グローバル化」ということばが何度も使われますが、その内実は必ずしも明確ではありません。しかし、行動計画の方を読むと「国際的な経済競争」の激化といった表現が見られますし、実施計画の方向性を決めたのが、経済成長を第一と考える政権ですから、実施計画は、グローバル資本主義への対応を主目的としていると推定できます。ですが、そもそも外国語教育というのは世界史的潮流への対応を契機に形づくられますから、グローバル資本主義への対応を目指しているからといってそれだけで批判することは愚かです。しかし実施計画がこれまでの歴史から何も学んでいないようでしたら、それには批判が必要です。

国のためか、人のためか

現在の英語教育は、欧米の帝国主義国家の極東進出を契機として約二百年前に始まりました。当時の日本は、書きことばとして漢文調の文体は有していましたが、それでは西洋文明の概念に対応できず、話しことばにいたっては全国で共有される標準語すらない状況でした。明治初期に森有礼などは、日本における通商や学術の言語を英語とすることを真剣に考えましたが、明治の日本人は、漢文・俗文の資源を駆使して翻訳語・翻訳文体を創り出し、近代日本語を形成しました（ペリー来航から約三〇年で、日本は最高学府での教育を新たに作り上げた日本語でできると宣言しました）。その後の日本は帝国憲法制定にとどまらず、日清・日露戦争勝利など、帝国主義への対抗どころか自ら帝国主義化する兆しを見せるぐらいに西洋化しました。

そうやって国力がまがりなりにも安定し始めた一九一一（明治四四）年に英語教育史上画期的な本が出版されました。岡倉由三郎による『英語教育』（博文館）です。実はこの本の出版まで、英書を通じて学ぶことの総称である「英学」や、英語の教え方を意味する「英語教授法」ということばは使われていても、「英語教育」ということばはほとんど使われていませんでした。岡倉がこの新概念で示した重要なことの一つは、国家中心の教育観から個人中心の教育観への移行です。

岡倉は「国家の要求する所を、無理無鉄砲に学修せしめそれを学ばせ終われば教育はその任を果たした」とする教育、言い換えるなら「学ばせる物が教育の主題であって、学ぶ人その者にはほとんど何らの注意も払わなかった」教育を「古の教育主義」とし、「自由平等」の今は、「学ぶ人を主題とし、学ばせる物は従属の地位に置く」としています（岡倉　一九一一）。これが英学でも英語教授でもない英語教育です。国の生き残りのために、できる者だけを登用し、できない者は置き去りにする、なりふり構わない英学や英語教授は、近代国家としての創成期には取らざるをえなかった方法だったかもしれませんが、国としての形ができたなら、それは国民一人一人を「主題」とするものへと変わらなければなりません。

しかしながら、実施計画などを見ていると、まるで古の教育主義が復活してきそうな気配さえします。思想家・武道家の内田樹（二〇一四）は、英語が「誰にも文句が出ないような差別化指標」（この本での用語を使うなら「客観試験で数値化された象徴資本」）として利用され、社会の下層に追いやられる人々に「自分は英語ができるようにならなかったのだから仕方がない」として、低賃金労働者としての自分を力なく受け入れさせる事態が到来しつつあるという懸念を表明していますが、資本主義は格差（不平等）の拡大と固定化を志向するメカニズムをもっている以上、こういった事態が、エリートに黙認（というより密かに推進）されることは十分に考えられます。公教育が、その時々の為政者が考える国家の戦いを主題とし、一人ひとりの子どもを従属の地位に置くことは、歴史的な退行です。教育政策に「戦略」というタイトルが臆面もなく付けられる昨今、私たちは一九世紀的な古の教育主義が台頭しないように警戒してゆかねばなりません。

テクノロジーとイデオロギーを分けて考える

歴史から学ぶべきもう一つの点は、グローバリゼーションに伴うテクノロジーとイデオロギーを区別し、理性的な取捨選択をするということです。一九世紀のグローバリゼーションにおいては、産業革命のテクノロジーが、帝国主義というイデオロギーと共に世界に広がりました。日本はテクノロジーを学びましたが(その際に役に立ったのが英語学習であったのは言うまでもありません)、イデオロギーも学び取り、自ら帝国主義化したことは先ほども述べた通りです。歴史に「もし」はありませんし、これは粗雑な想像にすぎませんが、もし明治以降の日本が産業革命のテクノロジーは吸収しても、帝国主義のイデオロギーに染まらずに日中戦争・アジア太平洋戦争を始めなかったら、戦後の日本は国際社会でどのような地位を占めていただろうと考えることもまったくの無駄ではないでしょう。

さて現在、情報革命というテクノロジーと、グローバル資本主義を無批判的に推進しようとする新自由主義というイデオロギーが世界中に広まろうとしています。これが現代のグローバリゼーションです。情報革命のテクノロジーを学ぶには英語学習はほぼ必須です。しかしテクノロジーは学んでも、新自由主義イデオロギーに対しては批判的な態度を保てないでしょうか。英語教育を、その目的においても、その方法においてもグローバル資本主義に迎合してしまうのではなく、むしろ、グローバル資本主義を適切に制御し、その暴走を防ぐように英語教育を構築してゆくことは、私たちの世界史的課題ではないでしょうか。「グローバリゼーション＝経済競争＝英語使用」というあまりにも貧困な思考は退ける必要があります。

英語以外の言語の軽視

実施計画で気になるもう一つのことは、英語以外の外国語がほぼ無視されていることです。有識者会議の一節では、「国民一人一人にとって、異文化理解や異文化コミュニケーションはますます重要になる」と書かれてありましたので、ようやく他の言語についての言及があるかと期待しましたが、それに続いたのは「その際に、国際共通語である英語力の向上は日本の将来にとって不可欠であり、アジアの中でトップクラスの英語力を目指すべきである」という文言であり、他言語への言及が一切ないものでした。英語学習は、多くの人にとって最初の外国語学習であり、それに続く他の外国語学習への入り口となるべきものでしょうが、実施計画からはそのような考えはうかがえません。

さらに気になるのは、この有識者会議にかぎらず、文科省の英語教育改革では、英語の習得と「日本人としてのアイデンティティの育成」（実施計画）や「国語力の向上」（行動計画）など日本に絡んだ事柄が常に抱き合わせのようになっていることです。文科省が示している理想像は、日本に強い愛着と帰属意識をもちながらも英語に堪能な人材のようです。しかし、それは他の言語には関心をもたない人材であるようにも間接的には読み取れます。考えてみましたら、現在の与党でもある自民党は、保守政党として日本の伝統（しかしそれはたいてい明治以降に作られた伝統）を称揚しながらも、外交面では戦後一貫して米国追従路線をとってきましたから、英語と日本語だけしか考えない、いわば「排他的二言語主義」とも呼べるこの考え方は、きわめて自民党的な考えの反映なのかもしれません。あるいはハーヴェイ(二〇〇七)が指摘するように、国や家族への帰属を強調する新保守主義は、新自由主義がもたらす競争や格差(不平等)の苛酷さをしばし忘れさせる感情的緩衝材として使われがちですから、為政者は政治的な直感にすぎないにせよ、英語習得と日本への帰属意識の重要性を常に同時に強調しているのかもしれません。

しかし、いくら英語が強力な言語であるとはいえ、英語と日本語についてしか考えないことが「グローバル人材」の育成として十分なのでしょうか。私たちの身の回りで考えると、国際結婚率は二〇〇六年をピークに下がり始めたとはいえ、二〇一〇年でも四・三%です。全国一律の単純な割り算をするなら、どの学級にも親の一人が外国籍である子どもが最低一人はいるぐらいの勘定になります。また在日外国人の数も、国籍別に一位から並べてみますと、中国・台湾、韓国・朝鮮、フィリピン、ブラジル、ベトナムと続き、米国は第六位であるにすぎません(絶対数で言うと、米国人は約五万人で、中国・台湾からの中国人〈約六五万人〉の七%にすぎません)。

筆者の柳瀬が住んでいる地域でも一番多い外国人は中国系で、イスラム系もそれなりに多いのですが、その地域での国際交流事業振興のための助言者として招かれた時に、行政側が提案した行事は、正月・盆・ハロウィーン・クリスマスと、見事に日本と英語圏の文化ばかり意識したものでした。また、銀座といったショッピング街にしても各地の観光地にしても目立つのは中国系を筆頭としたアジアの人たちです。それなのに、日本は中国や韓国と決して良好な関係はもっておらず、一部は、嫌中嫌韓の扇情的な出版物やヘイトスピーチで暴発しています。こうした現状からすると、「国民一人一人にとって、異文化理解や異文化コミュニケーションはますます重要になる」、「だから英語」というのは明らかにおかしいように思えます。

言語使用は複合的

ここで、異文化理解・異文化コミュニケーションを日本よりも痛切に経験しているヨーロッパについて簡単に考えてみましょう。ヨーロッパでは欧州評議会が何十年にもわたって言語教育についての提言を重ねています。その根幹にあるのは、複言語主義(plurilingualism——私は「複合的言語観」と訳しています)です。複言語主義・複合的言語観は、再びヨーロッパを戦場にしてはならないという思いから始まり、近年は、英語覇権主義と自言語至上主義の両極端に陥らずに、多言語・多文化時代の社会を生き抜く人間(social agent)としてのコミュニケーションを行うことを促進するために構想された概念です。その特徴の一つは、自分の母語以外に、最低二つの言語を学ぶように勧めることですが、その際、母語話者を外国語学習の目標にすることはしません。自らがもつすべての言語的資源を複合的に使いこなすのが社会を生き抜く人間であり、一人の中にある複数の言語資源とは、積み木のように独立した分離可能なものではなく、分子結合のように融合して独自の働きをもつものとみなされているからです(こういった考えを受けて私は「複合的言語観」という訳語を好んでいますので、以下、この訳語だけを使います)。ヨーロッパの市民は、自分なりの履歴・個性をもって多言語・多文化社会を生き抜く複合的言語使用者として生涯にわたって言語学習を続けるべきと提言されています。

しかし日本においては、文科省にしても多くの研究者にしてもこの複合的言語観には目を向けず、先述のCAN－DOリストや、CEFR（ヨーロッパ言語共通参照枠）で示されたレベル設定といった技術的なことばかりを語っています。しかし、思想理解を欠いた技術輸入はどこか歪むもので、ヨーロッパの研究者は、CEFRのリストやレベルは評価尺度であっても到達目標ではないと何度も力説するのに、文科省も多くの研究者もこれらのリストやレベルを到達目標として掲げています。ある個人が自分の人生の中である言語に出会いそれを学習・習得した場合に、その言語使用能力の目安をつける共通の評価尺度があれば、履歴書に書く時でも便利でしょう。しかしそのことと、国が、国民全てに、ある外国語（だけ）について能力レベルを到達目標として設定し、それに到達するようにと教師と子どもを仕向けることとは異なります。この違いを文科省も多くの研究者も理解できていないようであることが私たちには不思議です。

アイデンティティも複合的

言語使用が複合的なら、文化も複合的になり、アイデンティティも複合的になります。実施計画は、英語習得の到達目標を提示するのと同時に、日本人としてのアイデンティティの育成を目標に掲げていますが、国民一人一人の背景・履歴は多様化しており、それを「日本人」として一括りにしようとすることには、一九世紀的な言語ナショナリズムが感じられます。一九世紀の帝国主義国家は、国家権力を強固なものにするため、「国家＝国民＝国語」という言語ナショナリズムを掲げ、国家とは同じ国語を話す同じ国民の共同体だと教化し、国語（標準言語）の教育を徹底しました。標準言語が普及することの有用性は疑うべくもありませんが、どの時代にもどの地域にも、標準言語以外のさまざまな言語を話す人は存在するわけですから、言語ナショナリズムは理屈だけのもの（あるいは神話）に過ぎません。とても目立つ例で考えても、日本の「国技」ともいわれる相撲の横綱は近年ほとんどが外国人です。日本が誇る野球のピッチャーの一人はイラン人を父親にもつダルビッシュ有で、現在は米国で活躍しています。ノーベル賞の「日本人」受賞者のうち、二〇〇八年化学賞の一人、二〇一四年物理学賞の一人は日本生まれで日本育ちですが、日本国籍をもっていません。

今語られている「日本人としてのアイデンティティ」とは、こういった多様な現実に基づいた上でより豊かな社会を作り上げる概念になっているでしょうか。そもそも自らの拠り所を語るのに「アイデンティティ」というカタカナ語を使っていることからしても、現代の日本人のあり方は複合的なものです。英語教育改革が、英語推進の裏で単一的なアイデンティティを押しつけることにより、多様性を抑圧する方向に進まないように警戒する必要があります。

日本語のさらなる成熟と進化のために

また、英語の力が強くなりすぎてしまうことに対する世界史的考察も必要でしょう。英語は話者数でこそ中国語に劣るものの、科学・テクノロジー・ビジネス・政治等の近代権力制度と深く結びついており、その他の言語を圧倒する力をもっています。英語は、通用語を超えて、いわば「超共通語」となり、「国際共通」的な生き方や社会のモデルを象徴する言語としてすら認識されつつあります。そういった現状でこそ、英語が力をもちすぎ、日本語を含めた他の言語の力が損なわれてしまう可能性について考えておくことが必要です。

水村美苗(二〇〇八)の名著『日本語が亡びるとき――英語の世紀の中で』をタイトルでしか知らない人は、「まさか日本語が消滅することはないだろう」と思うでしょう。たしかに、日常的な話しことばとしての日本語がなくなることはないでしょうし、過去の日本語文献が消え去ることもないでしょう。しかし水村が警告しているのは、日本の知的な人々が、日本語ではなく英語ばかりで知的活動を行い、読む本も書く論文も語り合う言語も英語になり、日本語が知的活力を失ってしまうことです。そうなれば、ある程度以上の高度な内容を日本語で語り合うことが困難になるでしょう(現在の学術や行政でのカタカナ語の氾濫はそのかすかな予兆なのかもしれません)。知的なことばが活力を失い始めると、出版文化はますます衰え、英語ができない日本人と、英語ができる日本人の知的格差は大きなものになるでしょう。現代は知的格差が、経済・社会・政治的格差に直結しやすい時代ですから、これには警戒が必要です。また、英語ができる日本人とて、英語はしょせん外国語ですから日本語のようには自由に読めません。そうなると自分の仕事については知的であっても、その他の分野の知的レベルは、日本語でほとんどの分野の書籍を高度なレベルで読める現状より下がる可能性があります。

文科省は最近「全課程を英語で授業する大学(または学部)を重点的に支援」していますし、高校だけではなく中学でも英語の授業中にはできるだけ英語を使い、日本語使用を控えるように指示を出しています。ですが、今必要なのは、すべてを英語で行うことではなく、複合的言語観が教えるように私たちの中にあるさまざまな言語資源を複合的に使いこなすことではないでしょうか。翻訳は複合的言語使用の一例ですが、その点で言えば、明治以降の国家的教育課題は、諸外国語から日本語への翻訳ができることで、その成果は近代国家としての繁栄という形に結実しました。翻訳作品においても、現代ですら古典新訳が相次いで発刊されるなど、諸外国の文化をより自然な日本語で表現できるように、私たちは日本語を成熟させ続けています。この流れを受けての平成以降の国家的教育課題は、成熟し進化する日本語を、他言語使用者にも理解してもらえるように、日本語から諸外国語への翻訳ができる能力を高度化することではないでしょうか。

　こうしてみると実施計画の「グローバル化」概念は、教育や言語や文化に関してずいぶん狭く浅薄な認識に基づいたものであるように思えます。「グローバル化」という単純なスローガンは俗耳に入りやすいものですが、それだけに暴走する危険があります。これから英語教育改革を進めるにせよ、私たちは思慮深くあらねばなりません。

第三章　小学校からの英語教育再創造

ここまで検討しましたように、現在の英語教育には落とし穴があり、実施計画は危うい基盤に基づいています。英語教育はこれらの問題を克服して再創造されなければなりません。その際に重視すべきは身体実感でした。身体実感をもっとも素直に味わえる小学生から英語の学びを変えて、中高でその学びを発展させるべきです。英語教育の再創造は、それ以降の英語教育の土台となる小学校を基盤とすべきです。小学校英語教育を、中学校英語教育の前倒しにしても下請けにしてもいけません。中高の英語教育を、その問題点と共に小学校にそのまま下ろしてしまえば、改革は失敗するでしょう。この第三章では、筆者自身の体験から再創造の芽生えを紹介し、今後の指針を示します。

1　確かな芽生え

筆者の一人、小泉も小学校という場で英語を教える際の、落とし穴を体験しています。一九九四年に私立小学校で小学校英語教育に関わり始めた時、中学校と高校で長年勤務して英語教師としてそれなりの実績をもち、大学でも英語教育について教えているぐらいでしたから、中一の授業を簡易化すればなんとかできるだろうと、たかをくくっていました。最初のうちこそ子どもたちは英語の授業を喜びましたが、数カ月後には何人かの子どもが明らかに授業を楽しんでいませんでした。より力を入れて授業をしましたが、事態は改善しませんし、何より戸惑ったことは、教師である自分自身が授業を楽しめなかったことでした。

最初の一年を終えて、自分が受験目的の英語教育しか知らず、なぜ小学生が英語を学ぶべきなのかということ、子どもが新しいことばを学ぶとはどういうことなのかということ、そもそも小学生とはどんな存在なのかということなどについて、何もわかっていなかったことを自覚しました。そこで、非常勤として小学校で教える大学教師から、大学での講義を非常勤として行う小学校教師になりました。同時に他の先行的な英語教育実践を徹底的に観察し研究会にも足繁く参加しました。そうしているうちに気づいたことの一つは、小学校の学びは全体として実に豊かな内容を学んでいることです。この豊かな学びを英語の学びと連動させることが、英語学習で子どもが学びの実感を味わう鍵になるのではと思い始めました。小学校の英語以外の授業をできるだけ観察しました。小学校六年間分のすべての教科の教科書を読破することも二度行いました。

ゼロからの再創造

そうやってわかったことは、たとえて言うなら、「肉じゃがにバーベキューソースを入れてはいけない」ということです。小学校教育は、さまざまな教科の学びを通じて全体としてのまとまり（肉じゃが）をつくっています。そこへ突然「グローバル化だから」といって英語（バーベキューソース）をたくさん投入すれば、肉じゃがは台無しになってしまいます。何かを加えるとしたら、それはみりんのように、肉じゃが全体の味を整えるものでなくてはなりません。小学校英語教育は、小学生の生態と小学生の学びの実態をよく知った上でそれを活用しないとうまくいきません。いくら“How old are you?”という表現を何度も再生させても子どもの目は輝きません。たとえ、ゲームで役割を与えてその表現を使わせたとしても、子どもは正直ですから、「おもしろい・知りたい・学びたい」とは思ってくれません。ところが日本の歴史をある程度学んでいる子どもに、奈良の大仏の写真を見せて“How old is this?”と尋ねると反応が違ってきます。“How old is Tokyo Tower?”と尋ねても、子どもは「そういえば……」とすぐに考え始め、英語の形式ではなく、内容に直接反応するようになります。色についても、地図帳の国旗欄を参照させながら、色の名前を述べる教師がどの国の旗について語っているのかを考えさせると集中してきます(そして外国についての興味も高めます)。あるいは、あえて“What color is spring for you?”(春のイメージは何色?)といった感性に訴える問いをすると、子どもは自分なりの答えを言おうと懸命になりますし、他の子どもの答えも熱心に聞きます。

これはNHKの「わくわく授業」という番組でも紹介された実践ですが、子どもたちに「ぶんぶんごま」を作らせます。作ったことがある方も多いでしょうが、厚紙の真ん中に二つの穴を開けて、そこにたこ糸を通して糸の端を結んだものです。糸の両端を持って回転させてから引っ張ると、こまがぶんぶん回ります。「それは英語じゃなくて図工の授業では?」と思われる方もいるかもしれません。しかし小学校ではもともと、国語の授業で学んだ新聞の構成の知識をもとに、社会科見学の内容を「社会科見学新聞」としてまとめるなど、教科と教科を結んだ学びは自然に行われています。

ぶんぶんごまを作る厚紙の形は、円形・三角形・正方形・五角形・六角形などから選ばせます。子どもには、それらの形の名前を英語で伝えます。厚紙には複数の色を塗らせますが、色の名前も作業の方法も英語で言います。実際の形と色は目の前にあるわけですし、子どもとしては、ぶんぶんごまの回転によって、どの色とどの色を混ぜあわせたらどんな色になるだろうとワクワクしていますから、英語の表現も負担に思わず、自然に受け入れます。赤と青の色を混ぜるぶんぶんごまを作った子どもは、その組み合わせなら紫が出るはずだということを知識としては知っていたのですが、実際にぶんぶんごまが微妙な色合いの紫に変化するのを見ると「わぁっ」と歓声をあげました。やはり身体的な直接経験は子どもに深い印象を与えます。そうして「からだ」と「こころ」がゆさぶられるからこそ、英語も身につくわけです。

また国語教育との融合で、子どもたちを、英語・外国語・日本語をすべて含めたことばの世界に導くことができることも発見しました。子どもは既にカタカナ語をたくさん知っています。数え上げたら約千語にもなりました。英語由来のものもあれば、オランダ語やポルトガル語由来のものもありました。レンゲやユリのようにカタカナで書くこともあるけれど、まぎれもない日本語というのもありました。英語由来のカタカナ語の日本語発音と元々の英語発音を比べてみることは大変興味深い試みとなりました。またカタカナ語は英語を省略して作られたものが多いというのも発見の一つでした。自分たちの言語能力の複合性に気づかされました。

トレーニング中心主義を少し水で薄めたような授業で、引用ゲームを繰り返させられていた頃の子どもは、英語の学びに身が入っておらず、結果も出ませんでした。しかし子どもの知性と感性に訴え、小学校の学びをうまく活用した授業をし始めると、子どもは身を乗り出してきます。このように英語教育を再創造することは教師冥利につきるものでした。

しかし、逆の面から言うなら、それはそれまでの中高での英語教育の徹底的な否定でした。自分のそれまでの物差しを捨てて、ゼロから学び直さねばなりませんでした。これまでのプライドはすべて捨てました。そうやって試行錯誤(反省的実践)を繰り返すにつれ、成果も出てきて、他校から私の授業を見に来てくださる方も増えました。「この実践はまさにCLILだ」と言われて、私ははじめて、自分の実践が言語教育で世界的な潮流となっている「内容・言語統合型学習」(Content and Language Integrated Learning)に重なるものだということも知らされました。「小学校に、これまでの中高の英語教育を押し付けてはダメだ」ということに早く気づけてよかったと心底思っています。しかし、英語教育界の流れを見ていると、私が犯した間違いを、今度は全国規模で犯そうとしているのではないかと心配になってきます。

聞くことがもつ力

経験から学んだもう一つのことは「聞く」ことの大切さです。小学生が大人とも中学生とも異なるのは、聞く力の素晴らしさです。しばしば、小学校英語教育では早く小学生に英語を口にさせようと、丁寧に英語に耳を傾けさせることもなしに、すぐに英語をしゃべらせようとしますが、残念ながらその英語には心がこもりませんし、その英語が身につくこともありません。本当にもったいないことをしています。子どもの聞く力にはすばらしいものがあるからです。子どもの「からだ」に染み込ませるように丁寧に英語で語りかけていくと、少しずつ水を注がれていたコップからやがて水が溢れでてくるように、子どもは英語を口にし始めます。ある時、絵カードをさかさまにして子どもに見せたら、子どもは「さかさま、さかさま」と騒ぎ始めました。私はさりげなく“Sorry, upside down.”とだけつぶやきます。数枚後にまた、さかさまのカードを出しますと、ほとんどの子どもはまた同じように「さかさま、さかさま」と騒ぐのですが、一人の子だけは“Upside down”と、ついさっき初めて聞いた英語を口にしました。すると、次にさかさまのカードが出てきた時には、多くの子どもが“Upside down”と言い始めました。誰かひとりが気づいて自発的に発した英語の方が、教師が教え込み何度も繰り返させた英語よりもはるかに子どもに響いているわけです。

聞いているだけでも立派なコミュニケーションです。山本玲子（二〇一三）の報告ですが、意味を求めて聞いているときに、子どもはさまざまに表情を変えたり、からだをゆらせたり、話し手とリズムを同調させたりします。同じ絵本を読み聞かせていると――子どもはたとえすべての意味がわからずとも情感のこもった読み聞かせなら何度も熱心に聞いてくれます――声は出さずに口の形だけ英語を真似する子もでてきます。「先生、この前よりも意味がわかったよ」と後で嬉しそうに言ってくれる子どももいます。伝えたい内容と伝えたいという気持ちを一番に置くと、子どもは少々の英語の形式的難しさは超えて、英語に「からだ」と「こころ」で反応してきます。この反応は、テスト得点にすぐに現れるものではありませんが、確実に子どもの中に根づいてゆきます。それは、書類しか見ない人はともかく、子どもの毎日を丁寧に見ている教師や親には確実にわかるものです。英語教育は、まずもって子どもの「からだ」と「こころ」に訴えなければなりません。その上で、英語を、子どもがこれまでに培ってきた知性(「あたま」)と連動させると、子どもは「今・ここ」から解き放たれ、自由に英語を使いこなそうとします。

小学校六年生の算数では、時間と距離と速度の関係を学びます。一方に東京と大阪の間の距離、あるいは自分たちの小学校から、子どもたちが日頃行きたいと思っている場所の間の距離を示し、もう一方にさまざまな動物が走る速度を示してみましょう(もちろんこれもただ示すだけでなく、クイズ形式で当てさせることもできます)。たとえば「カバが全力疾走を続けることができるとしたら、東京から大阪まで、何時間で行ける?」という問題ができます。それを英語で示し、英語で解かせるわけです。ちなみにカバは全力疾走ならなんと、時速五〇キロ程度で走れると言われています。人間は、オリンピックの一〇〇メートル走の記録でも時速四〇キロに届かないわけですから、カバの方がずっと速いのです。そんな驚きがあれば、子どもたちの顔も明るくなります。

買い物をテーマにした言語活動も英語授業ではよく行われます。しかし、これも下手をすると退屈な「買い物ごっこ」になってしまいます。無意味なままごと遊びになることを避けるためには、言語活動に現実世界のリアリティをもちこみます。たとえば一〇人が集まる軽食パーティを行う時に、必要な材料とその数量を考えさせます。一定の予算内に収まれば、どのような軽食にしてもいいので、個性的な軽食パーティになるように買い物をしなさいという課題を英語で出し、子どもが英語を使ってその課題を克服するように仕向けます(このように、言語知識の学習ではなく、言語使用による課題遂行を中心にした外国語教育は、「課題遂行型言語教育」―ＴＢＬＴ：Task Based Language Teaching と呼ばれています）。そうすると子どもはグループで課題を遂行しようと懸命になる中で、外国語も仲間にきちんと伝わるように使わざるを得なくなり、結果的に外国語も身についてゆきます。外国語を学ぶ時、数字に関する表現というのは、とかく機械的に教えられ退屈なものになりがちですが、このように感性に訴える英語使用を導入すれば、子どもも英語でのコミュニケーションをいきいきと経験できます。

中高の授業でも「からだ」と「こころ」に訴える

このように小学校英語教育を、引用ゲームのトレーニングから子どもの感性と知性に訴えかけるスタイルに変えても、中学校から旧来の英語教育をしてしまえば「小学校の時は英語が楽しかったのに……」となってしまいます（それでも英語で好成績を取るのは、英語に対して特別に動機づけられた子どもだけでしょう）。中学校の授業も変わらなければなりません。まだまだ少数かもしれませんが、中学校英語教育でも子どもの感性と知性に訴えかける授業実践はあります。

現在、関西外国語大学教授の中嶋洋一は、寸劇や写真で子どもの心をゆさぶり、「語りたい・語り合いたい」という気持ちを高めた上で丁寧に導き、中学生に驚くほど英語を喋らせている公立中学校教師時代の授業をＤＶＤで残しています（中嶋 二〇〇二）。現在、関西大学教授の田尻悟郎の公立中学校教師時代の実践は、ＮＨＫの「プロフェッショナル」でも紹介されましたが（田尻 二〇〇七）、そこで田尻がいかに自分自身の「からだ」と「こころ」を開いて、時に優しく時に厳しく子どもの「からだ」と「こころ」に訴えかけているかという身体作法を観察することができます。

公立中学校は、英語指導の入り口で苦労していることを第一章で確認しましたが、広島市立早稲田中学校の胡子美由紀は、学級でのよい人間関係を築くために、教師と生徒の間でルールを作りながら、学級の一体感と生徒と教師の信頼感を醸成し、その雰囲気の中で英語を身につけさせる実践(胡子 二〇一一)をしています(彼女が教える生徒が語る自然な英語を聞いた人の中には、彼女の中学校は公立ではなくて同名の有名私立大学系列中学に違いないと誤解する人もいたそうです)。

徳島県の公立中学校教師の岡田栄司も人間づくりの中で英語教育を実践しています(岡田 二〇一四)。岡田は「英語授業の目的は生徒にコミュニケーション能力をつけることであり、人と人の心をつなぐ「道徳・人権・学活」の授業は英語授業と深く関連している」という信念のもと、学級・学校の荒れやしらけの当事者でありながら実は被害者でもある中学生に、自由討論形式(井戸端会議方式)で人権・道徳の授業や学活(学級活動)を行い、やがては結婚・生命・将来の夢・職業といった内容について生徒同士が真剣に語り合える学級をつくってゆきます。岡田は、その語り合いの形式を英語授業でも用い、生徒が自分の考えを自分の責任で自分のことばとしての英語で語り合えるまでに指導しています。こういった優れた実践は「英語教育達人セミナー」という自発的なネットワークなどで全国に少しずつ広がろうとしています。

高校においても生徒の心に訴えかける実践はあります。例えば順天高等学校の和田玲の授業は、一見トレーニング中心主義の授業をしているように見えますが、復唱させる単語の内容と配列や、その次に続く関連活動という点で、意味のつながりを紡ぎ出し、生徒の「からだ」の動きを観察しながら生徒の「こころ」を読み、意味のつながりを発展させて英語使用を導くという点ですばらしい実践です。和田は受験指導書も著していますが、その中でも和田は、生徒の今・ここの学びを彼・彼女らの過去や未来と巧みに結びつけ、学びを生きることに即したものにしようとしています。自分の授業を、子どもと自分の「からだ」と「こころ」に忠実なものに改善する努力を重ねる教師は、やがて子どもの「あたま」も大きく開花させます。英語教育の再創造の萌芽は、小学校にも中学校にも高校にも確実にあります。

2　身体実感を信じて

前節の実践者は、教えこまれた既成の理論を機械的に適用したのではなく、自分と子どもの身体実感を頼りに、子どもの人格的・社会的成熟をもたらす新しい実践を開拓してきました。もちろん英語教育理論も大切です。でもそれが教師の「からだ」や「こころ」と共鳴しなければ、その理論は本物ではありません。少なくとも、その教師にとっての本物ではありません。

これからの英語教育再創造の指針を一言で述べるとしたら、それは身体実感の重視です。この節では、その指針をもとに、この本の三種類の読者層の皆さんにお願いと提言をします。

見えているものをきちんと見る

第一の読者層である保護者・一般市民の皆さんには、どうぞ客観試験の得点よりも、子どもの表情の変化を大切にしてください、とお願いをします。表情は、「からだ」と「こころ」の統合的反映だからです。客観試験は、「英語力」という目に見えないものを見えるようにしてくれるように思えますが、これまで検討してきたように、それは私たちが目指すコミュニケーション能力、あるいは人格的成熟による平和な社会づくりのための力のごくごく一部だけしか取り上げていない単純化・矮小化された数値にすぎません。それなのに、私たちは近代的思考法で数値に支配されてしまい、子どもの生命力を歪めてしまいます。もちろん近代社会で、ある程度の数的指標を利用することは重要です。しかしどうぞ、子どもにも教師にも数値ばかりを要求しないでください。それよりも、目の前の子どもの表情の変化を見てください。目に見えないものを無理やり見ようとすることより、目に見えているものをきちんと見ることを大切にしてほしいのです。

もう一つのお願いは、英語と日本語以外の言語にも子どもの目を向けさせてくださいということです。英語の有用性と日本語の伝統の大切さは疑うべくもありません。しかし、グローバル社会は英語だけで構成されてはいません。日本も――それが何を意味するのであれ――「純粋な日本人」だけで構成されてはいません。言語も文化も複合的です。多様性を受け入れ、そこから新たな統合を生み出すことが私たちの力です。どうぞ英語と日本語以外の言語文化への関心を高めることによって、子どもが排他的ではなく複合的に言語能力を伸ばす方向に導いてください。

小学校担任の力量を信じて

第二の読者層である小学校教師の皆さんには、どうぞ英語教育に自信をもってください、と呼びかけます。小学校英語教育をよく知るベテラン教師の意見は、「小学校担任が創意工夫をする授業はたいていうまくいっているが、単なる英語自慢の外部講師が授業を仕切ろうとするとほとんどうまくゆかない」というものです。英語教育を成功させるためには、小学校の先生方の、小学生の学びと生態に関する身体実感を指針とすることが不可欠です。子どもの表情の変化を思い浮かべながらどうぞ思い切って、授業を創案してください。足りないところは、外部人材やＡＬＴ（外国語指導助手）の力を借りてください。そしてその試みを反省し共有してください。

なお、英語は発音が苦手だとおっしゃる方が多いのですが、グローバル社会の英語使用は、ネイティブ並みの発音の披露会ではなく、互いの幸せのために相互理解可能な範囲でそれぞれの訛りで語り合っている英語コミュニケーションであり、それこそが複合的言語社会のあるべき姿です。小学校教員の採用試験では、誰もがピアノ・オルガンや水泳などの実技対策をしたと思います。できなかった実技を克服した方もいるでしょう。英語の発音も同じです。発音の理屈（スポーツでいうならフォーム）は一、二時間もあれば理解できます。後は、それを常に意識しながら気長に英語を使っていれば、複合的言語使用者としての発音は確実に習得できます。

育てるのは言語でなく人間

第三の読者層である中高大の英語教育関係者については、教育方法と理論研究に関して提言します。教育方法に関しては、九頁に紹介した「知識提示→トレーニング→言語出力」というＰＰＰ以外の授業のあり方を、今よりももっと開拓しませんかということです。紹介したように、一つはCLIL(内容・言語統合型学習)があり、もう一つはTBLT(課題遂行型言語教育)があります。

これらは日本でも少しずつ普及していますが、まだまだPPPのトレーニング中心主義の発想が強いことは第一章で述べた通りです。CLILもTBLTも、PPPのように、教えた言語形式を再生させる教育法ではありません。これらの新しい教育法では、子どもに興味深いテーマや課題を与えることを第一に考え、言語形式は参照項目として提示するだけです。しかし子どもをテーマや課題にワクワクさせることによって、教師は子どもをきちんとした言語使用に導きます。課題によって子どもの「からだ」と「こころ」を揺さぶって言語使用に導くわけですが、その際、言語形式は(比喩的な言い方になりますが)あくまでも「横に置いて」おくわけです。人間は知識とスキルを得たから高度な言語形式を産出すると考えるのではなく、言語使用をしたいという身体実感に応じて必要な言語形式が使用・学習・習得されると考えるわけです。

理論面においては、研究の力点を言語から人間に移すべきです。多くの英語教育研究が依拠する第二言語習得(SLA)の主題は、あくまでも言語です。しかし、新しい言い方を試みるなら、第二言語使用者発達(Second Language User Development)、あるいは複合的言語使用者発達(Plurilingual Language User Development)が研究主題であるべきではないでしょうか。前に少し述べましたように、幸い欧米ではSLAの概念はずいぶん拡張しており、「新しいアプローチ」では人間の社会性や歴史性に着目し、学習者を認知メカニズムとしてではなく、個性をもった人間とした上での研究をし始めています。そういった流れをもっと取り入れない限り、英語教育研究は現場教員の身体実感に訴えることができないと私たちは考えます。

結びにかえて

有識者会議は、「多くの現職教員が、自分が受けてきた英語教育とは大きく異なる方法で指導や評価を行うことが求められ、そのことに対応できる教員を養成するための研修が課題となっている」と指摘しています。同感です。要は人づくりです。そして子どもは、数値目標管理だけでは育てられないこと、英語教師の力量も客観試験だけでは決して測れないこと、資本主義は人のためにあるのであって人が資本主義のためにあるのではないこと、なども私たちは確認してきました。私たちは教育という営みをもっと理解し、教師が自分の授業を振りかえる時間を得られるようにしなければなりません。特に英語教育に関しては引用ゲームとトレーニング中心主義の行き過ぎを警戒し、身体実感を指針に英語教育を小学校から再創造するべきです。そしてそれは同時に多言語・多文化社会で生きる力を子どもに育むことでもあります。

楽な課題ではありません。前途多難にも思えます。しかし幕末から明治への天地をひっくり返したような大転換や、第二次世界大戦後の廃墟の中からの再出発に比べれば、たいしたことはありません。日本の英語教育が、新自由主義にも英語覇権主義にも隷属することなく、グローバル社会での複合的言語使用者として次世代の市民を育てる途を拓けば、それこそは二一世紀における平和な社会づくりにつながります。私たちは偉大な課題に挑戦しているわけですから、誇りと使命感をもって小学校から英語教育を再創造しませんか。

参考文献

内田樹(二〇一四)「悲しき英語教育」、江利川春雄他『学校英語教育は何のため?』ひつじ書房所収
胡子美由紀(二〇一一)『生徒を動かすマネジメント満載! 英語授業ルール&活動アイデア35』明治図書
江利川春雄(二〇一四)「学校の外国語教育は何を目指すべきなのか」、江利川春雄他『学校英語教育は何のため?』ひつじ書房所収
岡倉由三郎(一九一一)『英語教育』博文館(ウェブ上の「近代デジタルライブラリー」で全文閲覧可能)
岡田栄司(二〇一四)『荒れ・しらけと闘う! 英語授業の鉄則&活動アイデア』明治図書
小泉清裕(二〇〇九)『現場発! 小学校英語――子どもと親と先生に伝えたい』文溪堂
小泉清裕(二〇一一)『[小学校]英語活動ネタのタネ』アルク
佐藤学(二〇〇九)『教師花伝書』小学館
竹内敏晴(一九八八)『ことばが劈かれるとき』ちくま文庫
田尻悟郎(二〇〇七)『プロフェッショナル 仕事の流儀 中学英語教師 田尻悟郎の仕事(DVD)』NHKエンタープライズ
中嶋洋一(二〇〇二)『中嶋洋一の子どもが輝く英語の授業(DVD)』バンブルビー
中原徹(二〇一三)『国際的日本人が生まれる教室』祥伝社
野口三千三(二〇〇三)『原初生命体としての人間』岩波現代文庫
ハーヴェイ・D著、渡辺治他訳(二〇〇七)『新自由主義』作品社
水村美苗(二〇〇八)『日本語が亡びるとき――英語の世紀の中で』筑摩書房
柳瀬陽介(二〇〇九)「自主セミナーを通じての成長」、吉田達弘他編著『リフレクティブな英語教育をめざして』ひつじ書房所収

柳瀬陽介（二〇一四）「英語教師は今どのような時代にいるのか？」、柳瀬陽介他編著『英語教師は楽しい——迷い始めたあなたのための教師の語り』ひつじ書房所収

山本玲子（二〇一三）『子どもの心とからだを動かす英語の授業』青山社

ルーマン・N著、佐藤勉監訳（一九九三・九五）『社会システム理論（上・下）』恒星社厚生閣

Atkinson, D. (2011) *Alternative Approaches to Second Language Acquisition*. Routledge.

Austin, J.L. (1962/1975) *How to Do Things with Words*. Harvard University Press.

Damasio, A. (2012) *Self Comes to Mind*. Vintage.

Dewey, J. (1916/2004) *Democracy and Education*. Dover Publications.

Wittgenstein, L. (1953/2009) *Phirosophical Investigations*. Wiley-Blackwell.

柳瀬陽介

1963年生まれ．広島大学大学院教育学研究科教授を経て，現在，京都大学国際高等教育院附属国際学術言語教育センター教授．博士(教育学)．専門は英語教育学．『第二言語コミュニケーション力に関する理論的考察』(溪水社，2006年)，『成長する英語教師をめざして――新人教師・学生時代に読んでおきたい教師の語り』(共編著，ひつじ書房，2011年)，『英語教師は楽しい――迷い始めたあなたのための教師の語り』(共編著，同，2014年)ほか．ブログ「英語教育の哲学的探究2」を運営．

小泉清裕

1951年生まれ．もと昭和女子大学附属昭和小学校校長．専門は英語教育．幼稚園から大学院まですべての部門で英語教員の経験あり．『子どもと親と先生に伝えたい　現場発！小学校英語』(文溪堂，2009年)，『小学校英語活動ネタのタネ』(アルク，2011年)，NHK教育テレビ『スーパーえいごリアン』編集委員，Eテレ『プレキソ英語』(2011年度～2013年度放送)監修．

小学校からの英語教育をどうするか　　岩波ブックレット 922

2015年3月5日　第1刷発行
2019年9月5日　第3刷発行

著　者　柳《やな》瀬《せ》陽介《ようすけ》　小泉《こいずみ》清裕《きよひろ》

発行者　岡本　厚

発行所　株式会社　岩波書店
〒101-8002　東京都千代田区一ツ橋2-5-5
電話案内　03-5210-4000　営業部　03-5210-4111
https://www.iwanami.co.jp/booklet/

印刷・製本　法令印刷　　装丁　副田高行　　表紙イラスト　藤原ヒロコ

ISBN 978-4-00-270922-2　　Printed in Japan